Die Heilige Schrift und die Evangelikalen

Oskar Schmitt

Die Heilige Schrift
und die Evangelikalen

Bibliografische Information der Deutschen Nationalbibliothek:
Die Deutsche Nationalbibliothek verzeichnet diese Publikation in der Deutschen
Nationalbibliografie; detaillierte bibliografische Daten sind im Internet über
< http://dnb.d-nb.de > abrufbar.

© 2008 Oskar Schmitt
Satz, Umschlagdesign, Herstellung und Verlag: Books on Demand GmbH, Norderstedt
ISBN: 978-3-8334-7493-4

Inhalt

Vorwort   7

Unvollständige Bibelübersetzungen   9

Die Traurigkeit   12

Evangelikale Bekehrung   14

Offenbarung, Kapitel 12   16

In der Bibel steht nichts davon   20

Das Fegefeuer   22

Shalom   25

Die Brüder Jesu   31

Der neutestamentliche Altar   34

Das Petrusamt   36

Genügt eine einmalige Bekehrung?   39

Die Handauflegung   43

Mensch von Anfang an   47

Die Reliquien   49

Die Beichte   52

Die Endzeit   54

Nachwort   57

Benutzte Literatur   59

Vorwort

Evangelikalen sind gläubige Christen aus dem protestantischen Raum, die sich in der Lehre und in der Tat dem biblischen Wort verpflichtet fühlen. Sie lehnen es ab, das biblische Wort zu entmythologisieren, ein reines Lebenshilfebuch darin zu erblicken oder das biblische Wort als eine symbolische Geschichte zu verstehen. Sie halten daran fest, dass Jesus leiblich auferstanden ist, dass er zu Lebzeiten wirkliche Wunder tat, dass es wirklich ein Reich der Engel und der Dämonen gibt. Sie glauben an die leibliche Wiederkunft Christi. Sie wollen einfach nur eines: nach der Bibel leben. Zu finden sind Evangelikalen in den verschiedenen Landeskirchen (meist in Sondergruppen, wie etwa der Evangelischen Landeskirchlichen Gemeinschaft) und vor allem in freikirchlichen Gemeinschaften, wie etwa den Baptisten oder der Freien Evangelischen Gemeinde. Sehr beliebt unter ihnen ist es, sich privat in Bibelkreisen zu treffen. Sie sind missionarisch sehr aktiv, betreiben Zeltmissionen, Straßeneinsätze, eigene Rundfunksender und mehrere Verlage. Es muss betont werden, dass der Übergang zwischen der evangelikalen Bewegung zur Pfingstbewegung sehr fließend ist. Viele Evangelikalen stehen der Pfingstbewegung sehr nahe. An diesem Punkt ist die evangelikale Bewegung sehr gespalten. Die einen bejahen die Charismatische oder Pfingstbewegung, andere lehnen diese strikt ab.

Unvollständige Bibelübersetzungen

Alle Evangelikalen erkennen, ebenso wie die Katholiken und die Ortho-doxen, alle Bücher des Neuen Testaments als zum Kanon der Bibel gehö-rend an. Meines Wissens gibt es da keine Ausnahme.

So ist es sehr verwunderlich, dass jene alttestamentlichen Bücher, welche die Deuterokanonischen genannt werden, von ihnen abgelehnt werden. Zu diesen zählen das Buch Tobias, das Buch Judith, die Weisheit Salamons, das Buch Jesus Sirach, das Buch Baruch, das erste und zweite Buch der Makkabäer, Stücke zum Buch Esther, das Gebet Manasses, Anhänge zum Buch Daniel, z. B. „Die unschuldige Susanne".

Die sogenannten Deuterokanonischen Bücher fehlen also in Bibelüber-setzungen evangelikaler Glaubensgemeinschaften, ja überhaupt im pro-testantischen Raum.

Dieselbe Autorität, welche unter der Leitung des Heiligen Geistes fest-legte, welche Bücher zum Kanon des Neuen Testaments gehören, legte auch fest, welche zum Kanon des Alten Testaments gehören. Es ist das durch Jesus Christus mit aller Autorität ausgestattete Lehramt der Kirche. Jesus Christus sprach: „Was ihr in meinem Namen binden werdet, wird auch im Himmel gebunden sein."

Protestanten sagen zu Recht, oben genannte Bücher seien im hebräischen alttestamentlichen Verzeichnis nicht enthalten, sondern nur in der grie-chisch übersetzten Version des Alten Testaments. Deshalb nennen sie diese Bücher Apokryphen (verborgene Bücher). Ist dies aber ein Beweis dafür, dass diese nicht zur Bibel der Kirche gehören dürfen?

In dieser Schrift werde ich auch Zeugnisse aus oben genannten Büchern zitieren, den diese sind wie alle Zeugnisse des biblischen Wortes wahr-haft Gottes Wort. Evangelikalen werden sofort wieder einwenden: „Dieses gehört nicht zur Bibel." Egal, es darf uns nicht beirren. Es gibt nur die eine Autorität, die festlegte, welche Bücher zum Kanon der Heiligen Schrift gehören, und diese schloss nun einmal jene Schriften mit ein.

So taucht an dieser Stelle bereits die Frage auf: Sind evangelikale Gläubige,

9

welche ja tatsächlich fromme Christen sind, wirklich bibeltreu, da sie ja einfach einen Teil des Wortes Gottes verwerfen?

Enthält jener von ihnen verworfene Teil vielleicht Aussagen, die nicht in ihr Weltbild passen? Es scheint so. In der Tat enthalten diese Schriften in ihren Augen Aussagen, die sie als typisch katholisch verwerfen.

Ein Beispiel: Im Buche „Tobias" wird dargelegt, wie ein Engel (der Erzengel Rafael) die Gebete der Heiligen zur heiligen Majestät Gottes emporträgt. Für Evangelikalen ist es selbstverständlich, dass jegliches Gebet direkt ohne Vermittlung an Gottes Ohr dringt. Es ist aber nicht nur das Buch Tobias, das uns zeigt, dass unser Gebet geläutert durch einen Engel vor Gottes Angesicht getragen wird; auch in der Offenbarung des heiligen Apostels Johannes wird uns diese Tatsache vor Augen geführt!

Ich bin Raphael, einer der sieben heiligen Engel, die die Gebete der Heiligen darbringen und zu der Majestät des Heiligen Zutritt haben.
(Tobias 12, 15)

Es trat hinzu und nahm die Buchrolle aus der Rechten dessen, der auf dem Throne saß.
Und als es das Buch entgegennahm, fielen die vier Wesen und die vierundzwanzig Ältesten nieder vor dem Lamme; jeder trug eine Harfe und goldene Schalen voller Rauchwerk – das sind die Gebete der Heiligen.
(Offenbarung 5, 7/8)

Ein anderer Engel kam und stellte sich an den Altar mit einem goldenen Rauchfass. Es wurde ihm viel Rauchwerk gegeben, damit er es samt den Gebeten aller Heiligen darbringe auf dem goldenen Altar, der vor dem Throne Gottes steht. Und es stieg empor vor Gott der Weihrauch mit den Gebeten der Heiligen aus der Hand des Engels.
(Offenbarung 8, 3/4)

Würden evangelische Christen die gesamte Bibel anerkennen, ihre Polemik gegen Katholiken hätte so recht keine Basis mehr. Diese frommen Protestanten sind quasi gezwungen, die in ihren Augen als apokryph betrachteten Schriften aus der Heiligen Schrift auszuklammern, denn sonst müsste ihr reformatorisches, evangelisches, angeblich bibeltreues Glaubensverständnis völlig in sich zusammenbrechen. Jedoch sei nochmals betont: Die Autorität, die imstande war festzulegen, welche Schriften zum Kanon des Neuen Testamentes gehören, ist natürlich auch jene, die berechtigt ist festzulegen, welche Schriften zum Kanon des Alten Testamentes gehören.

Für uns ist es eine unverdiente Gnade, den gesamten biblischen Wortlaut zugänglich zu haben.

Die Traurigkeit

Es war Ende der Achtzigerjahre. Ich ging durch eine Straße der Bielefelder Altstadt, als mir eine Frau begegnete, die ich aus der christlichen Teestube kannte. Sie fragte mich: „Wie geht es dir?" Ich antwortete wahrheitsgemäß: „Ich bin traurig." (Den Grund für diese damalige Traurigkeit weiß ich nicht mehr.) Sofort kam wie aus der Pistole geschossen ein Schwall von Beteuerungen, welche etwa so lauteten: „Würdest du mit Jesus leben, so wärst du nicht traurig", „Bete zu Jesus und die Traurigkeit vergeht", „Oskar, dir fehlt eine lebendige Beziehung zu Jesus", „Hättest du eine lebendige Beziehung zu Jesus, nie wärst du traurig", und so weiter.

Ich war platt, wie erschlagen. Normalerweise sollte ein Christ, wird er ermahnt, sich diese Ermahnung zu Herzen nehmen und, wenn die Ermahnung eine berechtigte ist, diese entsprechend in der Demut annehmen.

Doch die Ermahnungen dieser Frau hatten wenig Menschliches an sich, ja sogar etwas Abstoßendes, sodass sie nicht mein Herz erreichten und nichts in mir bewirkten. Ja, kurze Zeit war jegliche Empfindung in mir erstorben. Als ich meines Weges weiterging, kamen nach und nach Gedanken und Empfindungen wieder zurück. Hatte diese Frau recht, ist etwas von dem, was sie sagte, berechtigt? Ja, es gibt eine Traurigkeit, die nicht geisterfüllt ist, die niemals von Gott gewollt ist, sondern die durch einen Hang zu Irdischem oder durch zu große Anhänglichkeit an Mitmenschen entsteht. Solche Traurigkeit wird tatsächlich durch eine Hinwendung zu Jesus Christus aufgelöst. Jesus Christus sprach aber auch:

„Selig sind die Trauernden; denn sie werden getröstet werden."
(Matthäus 5, 5)

„Meine Seele ist betrübt bis in den Tod."
(Matthäus 26, 38)

Ja, Jesus Christus spricht die Trauernden selig, so gibt es also auch eine dem Christen angemessene Traurigkeit. Und Jesus Christus selbst erlitt die tiefste Traurigkeit, die einen Menschen nur erfüllen kann, im Garten Gethsemane, vor seinem Erlösungsleiden. Seine Seele war betrübt bis in den Tod.

Viele Christen meinen, immer lächelnd durchs Leben gehen zu müssen. Dies ist aber eine Karikatur christlichen Lebens. Die ständig lächelnden Christen wollen bewirken, dass sie auf Nichtchristen anziehend und überzeugend wirken. Sie treten wie ein Werbemann mit einer stets positiven Gesichtshaltung ihren Mitmenschen in missionarischer Absicht gegenüber. Vielen ist diese „Maske" bereits zur zweiten Natur geworden, dennoch wirkt sie gekünstelt und unnatürlich.

Wie muss auch der Lebensumgang etwas Künstliches an sich haben, wenn eine Traurigkeit nach außen hin nicht gezeigt werden darf, da dies in weiten Teilen des evangelikalen Lagers einfach nicht angebracht ist. Eine zugestandene Traurigkeit könnte ja unter Glaubensbrüdern den Eindruck erwecken, nicht genügend mit Jesus in Verbindung zu sein, oder besser gesagt, keine persönliche Beziehung zu Jesus zu haben.

Evangelikale Bekehrung

Jedes Mal, wenn ich mit dem Zug nach Schweinfurt, einer mittelgroßen unterfränkischen Stadt fahre, lese ich an einer Anschlagtafel einer evangelistischen Aktionsgemeinschaft, welche im Schweinfurter Hauptbahnhof angebracht ist, die Anzeige für die jeweils nächste Veranstaltung. Für jede Veranstaltung wird ein Hauptredner eingeladen und in dem genannten Schaukasten wird kurz dessen Lebenslauf dargelegt. Die Lebensläufe der jeweiligen Vortragenden sind stereotyp, eigentlich immer gleich: Nach einem moralischen Verfall durch Drogen oder Alkohol findet er zum Glauben an Jesus Christus, worauf alles wieder in Ordnung kommt; die Beziehung zur Ehepartnerin, die Beziehung zu seinen Kindern, überhaupt das ganze Umfeld stimmt wieder. Der jeweils Vortragende hat durch seine Bekehrung wieder neue Lebenskraft gefunden und alle äußere Lebensumstände wandelten sich zum Guten.

Es ist natürlich gut, wenn es so ist. Es ist auch die Regel, dass, wenn ein moralisch sich auf Abwegen Befindender wieder zum christlichen Glauben kommt, die äußeren Umstände des Betreffenden eine Besserung erfahren. Ist es aber in jedem Falle so, ist es generell ein Zeichen christlichen Lebens, dass jegliche unguten Familienverhältnisse in Ordnung kommen? Ist es immer so, dass nach der Bekehrung des Ehepartners die Ehepartnerin ebenso zum Glauben findet oder umgekehrt bei der Bekehrung der Ehefrau deren Ehegatte? Ja, ist es wirklich so, dass in einer Familie, wo selbst beide Eheleute wahrhaft Christen sind und in der Gnade stehen, alles zum Besten steht?

Diese Fragen finden in der Heiligen Schrift (auf welche sich alle Hauptredner dieser evangelistischen Aktionen berufen) eine der Wirklichkeit angemessene Klärung.

Betrachten wir das alttestamentliche Buch Tobias: Das alte Ehepaar Tobit und Sara führt nach Aussagen dieser biblischen wahren Geschichte eine Gott wohlgefällige Ehe. Aber gerade die Gottesfurcht, welche vor allem Tobit in allen Lebenslagen zum Ausdruck bringt, ist Anlass für heftigste Auseinandersetzungen in ihrer Ehe. Ja, es kommt so weit, dass Sara Tobit vorwirft, seine Gottesfurcht könne nicht echt sein, denn die missliche Lage, in der sie durch seine Erblindung geraten seien, könne ja nur ein Zeichen der Ungnade sein. Umgekehrt wirft Tobit seiner Gemahlin vor, sie sei nicht mehr aufrichtig im Umgang mit fremdem Eigentum, und verlangt von seiner Frau, eine ihr zum Lohn beigegebene (also geschenkte) Ziege ihrem ursprünglichen Besitzer zurückzugeben!

Solche Verhältnisse in einer von Gott gesegneten Ehe passen so gar nicht in das, man möchte schon fast sagen Schwarz-Weiß-Bild eines durchschnittlichen evangelikalen Predigers. Wie bereits gesagt erwecken diese den Eindruck, nach einer Bekehrung käme alles ins Lot, ob in der Ehe, in der Familie oder im gesamten Umfeld.

Alle äußeren misslichen Umstände in der Familie Tobits kamen durch Vermittlung des Engels Raphael wieder in Ordnung. Ja, die heilende Hand des erbarmenden Gottes wurde in dieser Familie offenbar. Es ist äußerst ratsam, das gesamte Buch Tobias intensiv im Gebet zu lesen.

Ein neutestamentliches Beispiel: Die Frau von Pontius Pilatus wird durch ein Traumgesicht gläubig in Jesus Christus. Nach diesem Traumgesicht leidet sie um seinetwillen (siehe Matthäus 27, 19). Aus ihrem Leiden um und mit Jesus Christus geht hervor, dass sie Gott liebt. Kam aber dadurch ihre Ehe sofort ins rechte Lot, in die rechte gottgewollte Ordnung? Bekehrte sich Pontius Pilatus auf der Stelle und wurde ein Gott liebender Mensch? Es war nicht so. Er ist es, der trotz der Mahnung seiner Frau Jesus seinen Peinigern übergibt, was mit Sicherheit das seelische Leiden seiner Ehegattin ins Unermessliche vergrößerte. Ihr Mann ist es, der ihren Herrn Jesus Christus seinen Mördern überlässt! Wir können nur erahnen, wie es im Herzen dieser gläubigen Jüngerin aussah. Wie schwer muss es für sie gewesen sein zu wissen, dass es ihr eigener Ehegatte war, der den wertvollsten Schatz ihrer Seele nicht vor seinen Feinden beschützte. Was muss es sie für Seelenkräfte gekostet haben, die Ehe mit Pontius Pilatus aufrechtzuerhalten!

Es gibt legendäre Erzählungen, die berichten, Pontius Pilatus habe einige Jahre später doch noch seinen Weg zu Jesus Christus gefunden, was durchaus möglich und wahrscheinlich ist und ihm natürlich im Nachhinein nur zu wünschen ist.

Offenbarung, Kapitel 12

Da ich in den Achtzigerjahren in Bielefeld lebte, ging ich immer wieder in die Betheler Buchhandlung, welche zu dieser Zeit eine unglaublich große Auswahl an exegetischer Literatur im Sortiment hatte. Es gab für mich zu dieser Zeit einige Bibelstellen, deren Auslegungen mich besonders interessierten. Einer dieser biblischen Texte war das 12. Kapitel in der Offenbarung des heiligen Apostels Johannes. In diesem Kapitel geht es um den Kampf des Drachen (also des Teufels) gegen die Frau, welche als das große Zeichen am Himmel erschien. Als ich zum ersten Mal über diese Frau las, dachte ich spontan an Maria, die Mutter unseres Herrn Jesus Christus. So war ich stets aufs Äußerste gespannt, in den verschiedenen exegetischen Büchern nachzulesen, was die Bibelausleger über diese Frau schreiben. Egal ob die Theologen aus dem lutherischen, calvinistischen, aus dem pietistischen oder gar aus dem bibelkritischen Lager kamen, allen war eines gemeinsam: Sie versuchten herauszustellen, dass mit dieser Frau aus der Offenbarung des Johannes auf gar keinen Fall Maria gemeint sein darf. Ich erinnere mich, dass ich oft über die Argumentationsweise dieser Autoren nur dem Kopf geschüttelt habe, so viele tatsächlich an den Haaren herbeigezogene Argumente wurden da zu Papier gebracht.

Es gab eine Ausnahme; leider habe ich mir den Autor und den Titel dieses exegetischen Buches nicht gemerkt. Der Autor verstand es, sehr einfühlsam und mit tiefen Gedanken dem Leser zu erklären, warum diese biblische Stelle so wirksam auf Maria bezogen werden kann. Kein katholischer Theologe hätte es besser gekonnt. Leider schloss er seine Auslegung über Offenbarung 12 sinngemäß etwa so: Obwohl sich diese Stelle bestens auf Maria beziehen lässt, kann trotzdem mit dieser Frau, die mit zwölf Sternen umgeben ist und unter deren Füßen der Mond ist, nicht Maria gemeint sein, da die reformatorische Bibelauslegungspraxis niemals in dieser Frau Maria sah. Es ist traurig, wie ein Christ nur um der reformatorischen Tradition willen seine eigenen tiefgründigen Erkenntnisse verwirft. Ich hätte mir dieses Buch kaufen sollen, um an dieser Stelle einige seiner wertvollen Gedanken wiedergeben zu können.

Gibt es einen Grund, warum im gesamten protestantischen Raum dagegen gekämpft wird, in der Frau der Offenbarung Maria zu sehen? Die Antwort dürfte etwa folgende sein: Sieht ein Christ in der Frau der Offenbarung Maria, oder zumindest neben anderen Deutungsversuchen auch Maria, so kann er das Marienbild der katholischen Kirche nicht, oder zumindest teilweise nicht, als unbiblisch verwerfen. Die Frau der Offenbarung ist mit einem Sternenkranz umgeben, ein Hinweis darauf, dass sie die Würde einer Königin besitzt. Maria, die Mutter unseres Erlösers, ist also tatsächlich die Himmelskönigin an der Seite des wahren Königs, ihres Sohnes Jesus Christus.

In diesem biblischen Text ist von den Kindern dieser Frau die Rede (Offenbarung 12, 17). Maria hat Jesus Christus in einem Stall zu Bethlehem geboren. Hat sie damit nicht auch geistiger- oder geistlicherweise seine ihm einverleibten Kinder, die Kinder der Kirche Jesu Christi, geboren? Jesus Christus ist das Haupt, die Menschen in der Kirche sein Leib. Wenn Maria das Haupt geboren hat, so muss sie geistlich auch die Mutter seines Leibes sein! Der heilige Ludwig Maria Grignion von Montfort hat also nicht unrecht, wenn er in seiner Schrift „Das Goldene Buch über die wahre Andacht zu Maria" immer wieder betont, dass die wahren Nachfolger Jesu Christi geistigerweise Kinder Mariens sind. Die Offenbarung Jesu Christi, ergangen an den Apostel Johannes auf der Insel Patmos, beschreibt in erster Linie den endzeitlichen Kampf zwischen Christus und dem Antichristen. Maria tritt in diesem Kampf besonders in Erscheinung. So wie sie vor über 2000 Jahren die erste Ankunft Jesu vorbereitete (sie trug Jesus neun Monate in ihrem geheiligten Leibe), so trägt sie die Kinder Jesu in den leidvollen Zeiten endzeitlicher Wehen geistigerweise in ihrem Schoß.

Wenn sie als das große endzeitliche Zeichen am Himmel erscheint, warum sollte sie da nicht auch punktuell einigen wenigen Menschen gegenüber erscheinen, wie etwa in Guadalupe/Mexiko im 16. Jahrhundert oder 1846 in La Salette, Frankreich. Denken wir nur an die Marienerscheinungen in Fatima und Lourdes, diese sind auch von der Kirche anerkannt. Die genannten Marienerscheinungen sind sichtbare Beweise für jenes große in der Offenbarung beschriebene Zeichen am Himmel. Diese Frau steht uns in den schweren Zeiten endzeitlichen Erleidens mütterlich bei. Maria steht uns zur Seite durch ihre mütterliche Fürsprache. Sie ist die von Geschlecht zu Geschlecht Seliggepriesene (Lukas 1, 47). Vor allem ist sie aber auch diejenige, die durch ihr Mitleiden mit ihrem göttlichen Sohn die Gedanken der Menschen offenbar werden lässt (Lukas 2, 35). Um dieses tiefe unerschöpfliche Geheimnis erahnen zu können, reicht eine Theologie des reinen Biblizismus nicht aus. Diese Theologie hat leider rationalistische Züge und vor allem mangelt es ihr an offenen Herzen, um in der Gnade des Heiligen Geistes das biblische Wort erschließen zu können. Der Heilige Geist hat alle Autoren aller biblischen Bücher direkt inspiriert, sodass diesen Büchern, angefangen von der Genesis bis zur Offenbarung, kein Makel eines Irrtums anhaften kann.

Maria als die neue Eva ist somit natürlich auch das Urbild des neuen Israels der heiligen Kirche. So trägt das Bild der Frau aus der Offenbarung natürlich auch Züge des neuen Israels, welches gekrönt ist durch das Wirken der zwölf Apostel, die sich der Herr erwählte. So ist der Sternenkranz, welcher mit zwölf Sternen versehen ist, auch ein Hinweis darauf, dass die heilige Kirche auf dem Fundament der zwölf Apostel gegründet ist. Offenbarung 12 im Hinblick auf die alttestamentliche Gemeinde zu interpretieren, kann höchstens insofern gelingen, als dass die Zeit des Alten Bundes die Vorbereitungzeit auf das Kommen unseres Herrn Jesus Christus war und Maria, vorsichtig ausgedrückt, der Übergang des vorläufigen zum endgültigen Heil in Jesus Christus darstellt.

An dieser Stelle möchte ich auf einen heiklen Punkt bezüglich der praktizierten Marienverehrung eingehen. In den zahlreichen marianischen Wallfahrtsstätten sind häufig Votivtafeln als Dankesgabe angebracht mit der Inschrift: „Maria hat geholfen." Verständlicherweise und vielleicht auch berechtigt ist dies ein Ärgernis für gläubige Protestanten. Ein Wunder kann nur Gott, der Schöpfer aller Kreatur, bewirken und die Votivtafeln mit oben genannter Inschrift beziehen sich ja als Dank auf wunderbare Geschehnisse, wie etwa eine Krankenheilung oder auf eine Bekehrung. All diese übernatürlichen Geschehnisse, wenn sie echt sind, können in der Tat nur von Gott kommen. Trotzdem können wir Katholiken uns gewiss

18

sein, dass die häufig geschehenen Wunder in marianischen Gnadenstätten tatsächlich auf die Fürsprache Mariens hin geschehen. Deshalb müsste es eigentlich auf den Votivtafeln heißen: „Danke für deine Fürsprache bei Gott, die so Wunderbares bewirkte." Jedenfalls bin ich mir sicher, dass jeder wirkliche katholische Christ in diesem Sinne es versteht, wenn da steht: „Maria hat geholfen." Für viele ist es so selbstverständlich, dass sie unter dieser Hilfe Mariens ihre Fürsprache verstehen, dass sie diese hilfreiche Fürsprache gar nicht mehr erwähnen. So wirkt es nach außen hin so, als ob Maria diejenige sei, die die Wunder an Leib und Seele an diesen Wallfahrtsstätten bewirkt. Es wäre schön, wenn unter Katholiken in dieser Beziehung wieder eine nicht misszuverstehende Ausdrucksweise üblich würde.

In der Bibel steht nichts davon

Ein „bibelgläubiger" freikirchlicher Freund wollte mir am folgenden Beispiel beweisen, dass der katholische Glaube in seiner Lehre, aber auch in
seiner praktischen Ausübung und in der künstlerischen Darstellung des
Glaubens sich im Irrtum befindet. Er sagte immer wieder sinngemäß, es
sei leicht feststellbar, dass der katholische Glaube ein Irrtum ist, alleine
schon deshalb, weil viele katholische Kirchen ein Bild oder eine Statue
enthalten, in welchen dargestellt wird, wie die Mutter Maria ihren verstorbenen göttlichen Sohn nach der Kreuzesabnahme auf ihrem Schoße
trägt. In der Bibel steht nichts davon, also kann es auch so nicht gewesen
sein, und damit ist es unwahr.

Welch eine Schlussfolgerung! Dieser Freund kennt die Bibel in Wahrheit
wenig, und die Aussage, wenn etwas nicht in der Bibel steht, so ist es
unwahr, ist bereits unbiblisch. Wäre es wirklich so, dass alles, was nicht
schriftlich festgehalten ist, unwahr wäre, die Bibel wäre in sich selbst nicht
wahrhaftig. Der Apostel Johannes schreibt in seinem Evangelium Kapitel
21, 24 /25 Folgendes:

**Das ist der Jünger, der Zeugnis gibt von diesen Dingen und dies geschrie-
ben hat, und wir wissen, dass sein Zeugnis wahr ist. Jesus aber hat noch
viele andere Dinge getan. Wenn man diese einzeln aufschreiben wollte,
so glaube ich, nicht einmal die ganze Welt würde die Bücher fassen, die
geschrieben werden müssten.**

Die Erde ist also nicht groß genug, alle Schriften zu fassen, wenn alles in und
durch Christus Geschehene schriftlich festgehalten worden wäre. Die oben
genannte Aussage wäre völlig unsinnig, gäbe es nicht auch Wahrheiten im
Zusammenhang mit Jesus Christus, die nicht in der Bibel stehen. Auch eine
Aussage des heiligen Paulus drückt den gleichen Sachverhalt aus:

**Haltet an dem fest, was ich euch schriftlich und mündlich überliefert
habe.**

Als Glaubensgrundlage gilt laut dieser biblischen Aussage neben dem schriftlich offenbarten Wort die mündliche Überlieferung. Zu dieser mündlichen Überlieferung gehört offensichtlich die Tatsache, dass Maria den Leichnam ihres Sohnes auf ihrem Schoße trug, nachdem Joseph von Arimathia ihn vom Kreuz nahm und bevor er ihn ins Grab legte. Die Heilige Schrift braucht diese Begebenheit doch gar nicht zu erwähnen, denn wer die Sprache des Herzens versteht, ahnt, dass es gar nicht anders gewesen sein kann, als dass Maria ihren Sohn auf ihren Schoß nahm. Es gibt eben Selbstverständlichkeiten, die nicht schriftlich festgehalten werden müssen!

Um es auf die Spitze zu treiben, müssten Evangelikalen eigentlich auch leugnen, dass Jesus Christus geatmet hat, denn das biblische Wort berichtet nichts darüber. Jeder, der mit dem Herzen die Bibel liest, eben zum Beispiel jene Stelle über Jesu Grablegung, sieht im Geiste auch seine Mutter in ihrem Schmerz, ihre Anteilnahme und ihr mütterliches Handeln, indem sie einmal noch ihrem Sohn die letzte Ehre erweist.

Gott hat dem Menschen die Fähigkeit gegeben, auch mit der Sprache des Herzens die Dinge zu betrachten und zu verstehen, und so ist es völlig natürlich, die Bibel betend zu lesen, sodass die Sprache des Herzens zu ihrem größtmöglichen Ausdruck gelangen kann. Immer wieder musste ich beobachten, dass meine evangelikalen Freunde zwar eifrig die Bibel lesen, aber nicht mit dem Herzen, sondern mehr so, als sei die Heilige Schrift ein geistliches Anleitungsbuch. Darin unterscheiden sie sich eigentlich kaum von den modernen Menschen. Moderne Menschen haben verlernt, in der Sprache des Herzens zu denken. Noch eine kleine Bemerkung: Da nach Aussage des Evangelisten Johannes der Erdkreis nicht groß genug ist, alle Bücher zu fassen, wenn alle Werke Jesu niedergeschrieben worden wären, so ist es natürlich völlig daneben, einem Buch den Titel „Alles über Jesus" zu geben!

Ein Buch mit diesem Titel sah ich tatsächlich mal in einer evangelischen Buchhandlung. Undenkbar, dass ein katholischer Schriftsteller ein von ihm geschriebenes Buch über unseren Erlöser so benennen würde.

Das Fegefeuer

An meinem jetzigen Arbeitsplatz begann vor einigen Jahren eine Pflegerin ihren Dienst, von der sofort zu spüren war, dass sie eine bekennende Christin ist. Darüber war ich sehr erfreut. Als ich mich das erste Mal länger mit ihr unterhielt, erzählte sie, dass sie katholisch sei, jedoch erkannt habe, dass die katholische Lehre über das Fegefeuer unbiblisch sei und sie deshalb in eine Evangelische Freikirche übertrat, wo sie eine geistliche Heimat fand. Darüber empfand ich eine tiefe Traurigkeit und war deshalb nicht imstande, ihr ein echtes Zeugnis über die katholische Lehre des Fegefeuers zu geben. Eigentlich hätte ich ihr erklären müssen, dass die Lehre über das Fegefeuer biblisch verankert ist. Es steht zwar nirgends direkt in der Heiligen Schrift, dass es das Fegefeuer gibt, doch es gibt Aussagen, die recht betrachtet keinen anderen Schluss zulassen.

Judas kam nun mit seinem Heer in die Stadt Adulam. Da es gerade Wochenende war, heiligten sie sich der Sitte gemäß und brachten dort den Sabbat zu.
Am folgenden Tag kamen die Leute des Judas – es war schon höchste Zeit dazu – und holten sich die Leichname der in der Schlacht Gefallen, um sie bei den Verwandten in den väterlichen Gräbern beizusetzen.
Sie fanden aber bei allen Gefallenen unter den Leibern Abbildungen von Götzen aus Jamnia, deren Gebrauch das Gesetz der Juden verbietet. Da wurde allen klar, dass sie wegen dieser Verfehlungen gefallen waren.
Alle priesen nun die Vorsehung des gerecht richtenden Herrn, der das Verborgene ans Licht bringt.
Sie wandten sich zu einem Sühnegebet und flehten, dass die bestehende Verfehlung vollkommen getilgt werden möge. Der edle Judas ermahnte die Schar, sich sündenfrei zu bewahren, da sie mit eigenen Augen gesehen hätten, was wegen der Sünde der Gefallenen geschah.
Er veranstaltete unter den Kriegern eine Sammlung, die 2000 Drachmen einbrachte, und sandte sie nach Jerusalem, um ein Sündopfer darbrin-

gen zu lassen; eine Tat, die schön und ausgezeichnet war, weil er an die Auferstehung dachte.

Hätte er nämlich nicht erwartet, dass die Gefallenen auferstehen, so wäre es überflüssig und töricht gewesen, für Tote zu beten.

Weiter hatte er im Auge, dass jenen, die in Frömmigkeit zur Ruhe eingehen, der herrlichste Gnadenlohn aufbewahrt ist: ein heiliger und frommer Gedanke! Darum ließ er für die Gefallenen das Sühnopfer darbringen, damit sie von der Sünde erlöst würden.

(2. Makkabäer 12, 38/45)

Versöhne dich mit deinem Widersacher ohne Verzug, solange du mit ihm auf dem Wege bist, damit dich nicht der Widersacher dem Richter übergebe und der Richter dem Gerichtsdiener, und du in den Kerker geworfen werdest. Wahrlich, ich sage dir: „Du wirst von da nicht herauskommen, bis du den letzten Heller bezahlt hast."

(Matthäus 5, 25/26)

Wie das Werk eines jeden ist, wird das Feuer erproben. Besteht das Werk, das er gebaut hat, so wird er Lohn empfangen. Verbrennt sein Werk, so wird er Schaden leiden. Zwar wird er selbst selig werden, jedoch so wie durch Feuer.

(1. Korinther 3, 14/15)

Trotz dieser auf das Fegefeuer sich beziehenden Bibelverse das Fegefeuer als unbiblisch zu bezeichnen zeugt davon, dass die Personen, die das tun, in einer Ideologie befangen sind. Diese Ideologie wird Biblizismus genannt.

Zwar gibt der Biblizismus vor, bibeltreu zu sein, in Wirklichkeit aber werden die in der Bibel enthaltenen Aussagen wie ein Muster benutzt und ihres Sinnes beraubt. Das Denkschema ist einfach: Werden Glaubensgeheimnisse nicht direkt im Buch der Christen genannt, so werden sie einfach geleugnet, ungeachtet dessen, dass das von Jesus Christus selbst eingesetzte Hirten- und Lehramt den gläubigen Christen vorlegt, dass oben genannte Bibelzitate ein Beweis für die Existenz des Fegefeuers sind und es somit ein heilsamer Gedanke ist, für die Verstorbenen zu beten.

Shalom

Bekommt man von Evangelikalen einen persönlichen Brief, so enden diese häufig mit „Shalom wünscht dir (Name)", anstatt „Gottes Segen wünscht dir …" oder „Alles Gute wünscht dir …".

Es ist auf jeden Fall zunächst ein gut gemeinter Wunsch des Schreibers, dem Adressaten Frieden (Shalom) zu wünschen. Meiner Erfahrung nach beabsichtigt der Briefschreiber jedoch mit dem Friedenswunsch in hebräischer Sprache, auch auszudrücken, dass er sich mit Israel verbunden fühlt, sonst hätte er ja den Friedenswunsch in der Muttersprache zu Papier gebracht. Die Liebe zu Israel scheint für viele Evangelikalen das Markenzeichen biblischen Glaubens zu sein.

Israel zu lieben, als Heimatstätte Jesu Christi, als Erinnerung an Jesu Wirkstätten, als heiligen Ort, an dem unser Erlöser für uns gestorben und auferstanden ist, ist sicher ein unerschöpflicher Reichtum. Doch welche Liebe zum heutigen Israel bewegt die Seele des Evangelikalen dazu, seinen Mitmenschen den Frieden in hebräischer Sprache zu wünschen? Ist es wirklich, so wie es eigentlich sein sollte, die Liebe zu Jesus Christus? Leider musste ich immer wieder feststellen, es ist eine Anhänglichkeit an das heutige politische Gebilde Israel, welches ein künstlicher Staat ist, der von den Zionisten geplant und errichtet wurde. Wer sich näher mit dem Zionismus und den dahinterstehenden Kräfte beschäftigt n, entnommen dem Talmud, kann einfach nur erschrecken über die Tatsache, dass aus dem evangelikalen Lager diesem Staat vielfach Unterstützung entgegengebracht wird. Wissen diese denn nicht, dass das moderne Israel ein Land ist, in dem Christen verfolgt werden, dass es ein Land ist, in dem Nichtjuden (Christen, Palästinenser usw.) häufig ein schweres Los zu ertragen haben? Jesus Christus wird von den dort Regierenden bekämpft und völlig abgelehnt, sodass selbst Juden, die Christen wurden, ebenso eine schwere Bürde zu tragen haben. Hier ein kleiner Bericht aus dem Kurier der Christlichen Mitte vom März 2007:

Daniel Seidenberg, Schweizer Verleger und Judenchrist, darf nicht nach Israel einwandern.

Seiner nicht jüdischen Frau und seinen elf Kindern dagegen ist die Einwanderung erlaubt. Die Behörden begründeten ihre Ablehnung unter Berufung auf eine Anordnung der Regierung: „Menschen, die als Juden geboren wurden und an Jesus als den Messias glauben, haben kein Recht zur Einwanderung nach Israel."

Die Liebe zum Staat Israel ist für jene getragen durch eine Bewunderung für das jüdische Volk, in ihrer heutigen Existenz. Die heutigen Juden sind aber (mit Ausnahme der Christen unter ihnen oder zum Beispiel auch ausgesprochenen Atheisten) in der Regel Talmudisten. Der Talmud enthält Christus- und christenfeindliche Aussagen, die noch weit über das hinausgehen, was die schlimmsten Aussagen des Koran sind.

Die nachchristlichen Juden, soweit sie glaubensmäßig den Talmud als ihre Glaubensgrundlage betrachten, leben in einer Christusferne und bereiten bewusst oder unbewusst den Antichristen vor. Jesus Christus sagt:

„Ich bin im Namen meines Vaters gekommen, aber ihr nehmt mich nicht auf, und wenn ein anderer in seinem eigenen Namen kommen wird, den werdet Ihr aufnehmen."
(Johannes 5, 43)

Der Vorwurf des Heilandes richtet sich an die nicht an ihn glaubenden Juden. Derjenige, der in seinem eigenen Namen kommen wird und den sie aufnehmen werden, ist offensichtlich der Antichrist. Die heiligen Väter erklären einmütig, dass die Juden den Antichrist als Messias anerkennen werden.

Das nachchristliche Judentum als Glaubensgemeinschaft ist eine andere Gesellschaft als jene des alten Bundesvolkes. Der alte Bund mündete in Jesus Christus, fand in ihm seine Vollendung. Das alttestamentliche Israel ging in das neue Israel, die Kirche Jesu Christi über. Als Jesus Christus für uns starb, zerriss der Vorhang des Tempels (siehe Lukas 23, 25).

Die Vollendung in Jesus Christus prophezeite bereits deutlich der Prophet Jeremias:

„Fürwahr, Tage kommen" – Spruch des Herrn –, „da schließe ich mit dem Haus Israel und mit dem Haus Juda einen neuen Bund, nicht dem Bunde gleich, den ich mit ihren Vätern schloss, als ich sie bei der Hand nahm, um sie aus dem Lande Ägypten herauszuführen. Sie waren es ja, die meinen Bund brachen, während ich über sie die Herrschaft ausübte" – Spruch des Herrn.

„Viel mehr so soll der Bund sein, den ich mit dem Hause Israel nach jenen Tagen schließe" – Spruch des Herrn: „Ich lege mein Gesetz in ihr Inneres und schreibe es ihnen ins Herz. Ich will ihr Gott sein, und sie sollen mein Volk sein".

Dann brauchen sie einander nicht mehr gegenseitig zu belehren: „Erkennet den Herrn!", sondern sie alle werden mich erkennen, ob klein oder groß" – Spruch des Herrn. „Ja, ich verzeih ihre Schuld, und ihrer Sünde gedenke ich nicht mehr."

(Jeremias 31, 31–35)

Paulus bestätigt diese alttestamentliche Prophezeiung:

Wenn er aber von einem neuen Bund redet, dann hat er den alten für veraltet erklärt; wer aber veraltet und greisenhaft wird, ist dem Untergange nahe.

(Hebräer 8, 13)

Und deshalb ist er der Mittler eines neuen Bundes, damit die Berufenen durch seinen Tod, der zur Erlösung von den Verfehlungen unter dem ersten Bunde erfolgte, das verheißene ewige Erbe empfingen.

(Hebräer 9, 15)

Es erfolgt nämlich einerseits die Aufhebung einer früher gültigen Vorordnung wegen ihrer Schwäche und Nutzlosigkeit – das Gesetz hat ja nichts zur Vollendung gebracht –, andererseits erfolgt die Einführung einer besseren Hoffnung, durch die wir Gott nahekommen. Und insofern er nicht ohne Eidschwur zum Priester eingesetzt worden ist – denn jene

sind ohne Eidschwur Priester geworden: Du bist Priester ewiglich –, insoweit Jesus Christus eines besseren Bundes Bürge geworden ist, dieser aber mit einem Eidschwur durch den, der zu ihm gesprochen: „Der Herr hat geschworen, und es wird ihn nicht gereuen: Du bist Priester in Ewigkeit."
(Hebräer 7, 18–21)

So soll auch den niemand richten wegen Speise und Trank oder wegen eines Festaktes oder Neumondes oder Sabbats. Das sind ja nur Schatten des Zukünftigen. Das Wesen gehört Christus an. (Kolosser 2, 16–18)

Jesus Christus tadelt die Juden seiner Zeit, weil sie ihn nicht erkannten und damit ihre ureigene Berufung, als Glieder des alten Bundes, verfehlten.

Jesus Christus spricht zu ihnen: „Wenn ihr Kinder Abrahams seid, so tuet auch Abrahams Werke. Nun sucht ihr mich, aber zu töten, mich, der ich euch doch die Wahrheit verkündet habe, die ich von Gott gehört."
(Johannes 8, 39/40)

Ihr habt den Teufel zum Vater, und die Begierden eures Vaters wollt ihr erfüllen.
(Johannes 8, 44)

Er sprach zu den Volksscharen, die hinauszogen, sich von ihm taufen zu lassen, also: Schlangengezücht! Wer hat euch gezeigt, dem drohenden Strafgericht zu entgehen? Bringet würdige Früchte der Bekehrung und fangt nicht an, bei euch zu sagen: Wir haben Abraham zum Vater! Denn ich sage euch: Gott kann aus diesen Steinen dem Abraham Kinder erwecken, aber schon ist die Axt an den Wurzeln der Bäume gelegt. Jeder Baum, der keine gute Frucht bringt, wird ausgehauen und ins Feuer geworfen.
(Lukas 3, 7–9)

Dass das wahre neutestamentliche Israel die in Christus Lebenden sind und dieses neue Israel nicht mehr nur an das jüdische Volk gebunden ist, sondern aus Juden- und Heidenchristen besteht, drückt Paulus deutlich im Galater- und im Römerbrief aus.

Steht hier doch geschrieben: Abraham glaubte Gott, und das wurde ihm zur Gerechtigkeit angerechnet. Erkennet daraus: Die, welche Glauben haben, sind Abrahams Söhne. Die Schrift sah vorher, dass Gott die Heiden um des Glaubens willen rechtfertigt. Deswegen gab sie dem Abraham die Verheißung: In dir werden alle Völker gesegnet werden. Daher werden mit dem gläubigen Abraham die Glaubenden gesegnet.
(Galater 3, 6–9)

Wenn ihr Christi Eigentum seid, so seid ihr auch Abrahams Nachkommen, Erben aufgrund der Verheißung.
(Galater 3, 29)

Zu solchen hat er auch uns berufen, nicht nur aus den Juden, sondern auch aus den Heiden. So sagt er auch bei Osee: Ich werde das mein Volk nennen, welches nicht mein Volk ist, und die nicht Geliebte Geliebte heißen und Begnadigte, die keine Begnadigte ist. Und an der Stätte, wo man zu ihnen sagte: Nicht mein Volk seid ihr, werden sie Kinder des lebendigen Gottes genannt werden. Isaias ruft über Israel: Wenn auch die Zahl der Kinder Israels dem Sand am Meere gleich wäre, so wird doch nur der Rest gerettet werden. Denn der Herr erfüllt sein Wort und beschleunigt es auf Erden.
(Römer 9, 24–28)

Jesus Christus sagt es ebenso unmissverständlich:

„Wahrlich, ich sage euch, solchen großen Glauben habe ich in Israel bei niemand gefunden. Ich aber sage euch: Viele werden vom Osten und Westen kommen und mit Abraham, Isaak und Jakob im Himmelreiche zu Tische sitzen; die Kinder des Reiches aber werden hinausgeworfen in die Finsternis draußen; da wird Heulen und Zähneknirschen sein." Dann sprach Jesus zum Hauptmann: „Geh hin, wie du geglaubt hast, so soll dir geschehen." Und zur selben Stunde ward der Knecht gesund. (Matthäus 8, 10–13)

Da das jüdische Volk sich als Ganzes (von Ausnahmen abgesehen) noch nicht bekehrt hat, treffen alle erwähnten biblischen Zeugnisse auf das heutige Judentum zu, welches anstatt den Glauben an Jesus Christus die Lehren des antichristlichen Talmud angenommen hat.

So ist auch der talmudistische Staat Israel heute wahrlich keine Stätte, die dem Christen Trost bietet, sondern dieser Staat ist unbewusst oder bewusst ein Vorbereiter des Antichristen.

Erst wenn das Volk der Judäer sich bekehrt, wird Israel oder das Land Palästina wieder eine Stätte der Verheißung. Zahlreich sind die Verheißungen über das Israel im Verlauf der endzeitlichen Geschehnisse.

Viele Evangelikalen sehen irrtümlicherweise im heutigen Staatsgebilde Israel das Land der Verheißung und verteidigen daher dieses kleine Land, wissen aber gar nicht, dass hinter diesem Land alle Kräfte der neuen Weltordnung stehen. Sie wissen nicht oder wollen es nicht wissen, dass sie mit ihrer Unterstützung dieses Landes den Antichristen fördern und ermöglichen. Dies ist eine äußerst ernste und beängstigende Seite evangelikalen Lebens.

Wir Christen sind Kinder des Lichtes, wir sind Kinder des neuen Bundes und wünschen deshalb nichts sehnlicher, als dass alle Juden, seien sie volksmäßig sephardische Juden oder auch aschkenasische Juden, erkennen, was ihnen zum Heile gereicht. Ursprünglich in den Zeiten des Alten Testamentes waren sie das Volk der Verheißung, nun liegt es an ihnen, wieder Kinder der Verheißung zu werden.

Die Bekehrung der leiblichen Nachkommen Abrahams wird möglicherweise das größte heilsgeschichtliche Ereignis vor der Wiederkunft Christi sein.

Die Brüder Jesu

Die katholische Kirche lehrt, dass die Gottesmutter vor, während und nach der Geburt ihres göttlichen Sohnes Jungfrau war und blieb. Dieses Glaubensgeheimnis löst im protestantischen Raum, vor allem unter Evangelikalen, eine bewusste Abgrenzung aus. Hier ist der Triumphgesang besonders groß, denn sie können mit Recht sagen, die Bibel spricht von Brüdern und Schwestern Jesu. Also lehrt die Bibel etwas völlig anderes als das, was der katholische Glaube sagt. Alle Evangelikalen, die ich bisher kennenlernte, fühlen sich in diesem Punkt der Katholischen Kirche weit überlegen, denn sie sind felsenfest davon überzeugt, die Bibel als Zeuge gegen katholisches Glaubensgut anführen zu können. Sie haben recht, die Katholiken, jedenfalls in dieser Sache, unrecht! Tatsächlich ist im Neuen Testament von Brüdern und Schwestern Jesu die Rede. In der Tat, wie kann die Maria nach der Geburt Jesu Jungfrau geblieben sein, wenn Geschwister Jesu in einem unfehlbaren Text, wie es der biblische Text nun einmal ist, erwähnt werden?

Trotzdem, die Rechnung geht für die Evangelikalen nicht auf.

Das alttestamentliche Zeugnis über Abraham und Lot zeigt eindeutig, dass die als Brüder Bezeichneten in Wirklichkeit nahe Verwandte waren.

In Genesis 18, 8 heißt es, nachdem ein Streit zwischen Abraham und Lot ausgebrochen war:

Da sprach Abraham zu Lot: „Es soll doch kein Streit sein zwischen mir und dir, zwischen meinen und deinen Hirten, denn wir sind Brüder."

Ein eindeutiges Zeugnis dafür, dass der in der Heiligen Schrift genannte Bruder auch ein Neffe oder naher Angehöriger sein kann, denn die wahren Verwandtschaftsverhältnisse zwischen Abraham und Lot werden in Genesis 11, 27 bezeugt:

Dies ist der Stammbaum Terachs; Terach zeugte Abraham, den Nachor und den Haran, Haran aber zeugte Lot.

Ein weiteres Beispiel, das zeigt, was es bedeuten kann, im biblischen Sinne ein Bruder zu sein, ist die Geschichte um David und Jonathan. Jonathan ist eindeutig Sauls Sohn.

Saul machte vor seinem Sohn Jonathan und allen seinen Hofleuten keinen Hehl daraus, dass er David töten wolle. Doch Jonathan, Sauls Sohn, hatte große Zuneigung zu David.
(1. Samuel 19, 1)

Da sprach Saul zu ihm (David): „Wessen Sohn bist du, Knabe?" David erwiderte: „Der Sohn deines Knechtes Isai aus Bethlehem."

Jonathan und David sind also eindeutig keine leiblichen Brüder einer Mutter, trotzdem heißt es im zweiten Samuel 1, 26:

„Wie weh ist mir um dich, mein Bruder Jonathan! Du warst mir so lieb!"

Maria, die Mutter Jesu, stand unter dem Kreuz. Sie, Maria, wird in Johannes 19, 25 ausdrücklich von Jesus als seine Mutter genannt und er übergab sie Johannes, damit er ihr ein Sohn sei. Der Apostel Johannes ist aber nicht der leibliche Sohn Mariens. Wäre die Anempfehlung Mariens an Jesu Lieblingsjünger Johannes durch unseren Herrn Jesus Christus am Kreuze ausgesprochen worden, wenn sie, seine Mutter, noch weitere leibliche Söhne und Töchter gehabt hätte? Maria, die Mutter des Jakobus und Josefs, welche laut Markus 6, 3 Brüder Jesu sind, wird in Matthäus 27, 56 als eine der Frauen genannt, die ebenso wie seine Mutter unter dem Kreuz standen. Aus dem ganzen Zusammenhang geht hervor, dass diese Maria nicht die Mutter Jesu ist. Wie gesagt, Maria, die Mutter Jesu, wird in Johannes 19, 25 auch ausdrücklich als seine Mutter bezeichnet. Ein Beweis dafür, dass die Brüder und Schwestern Jesu Christi, die im Neuen Testament erwähnt werden, nicht leibliche Söhne und Töchter der Gottesmutter Maria sind, sondern nahe Angehörige.

Warum es in der Sprache der Heiligen Schrift so ist, dass die als Brüder oder Schwestern Bezeichneten genauso gut nahe Verwandte wie auch leibliche Brüder und Schwestern sein können, weiß ich nicht. Ich bin kein Theologe und kein Wissenschaftler für altorientalische Sprachen.

Die Lehre der ständigen Jungfräulichkeit Mariens widerspricht, trotz gegenteiliger Behauptung, überhaupt nicht den biblischen Aussagen.

Erklärt man biblizistischen Gläubigen dieses Geheimnis, zum Beispiel anhand der Brüder Abraham und Lot, so stößt man fast ausnahmslos auf taube Ohren. Sofort bekommt man zu hören: „Ja, aber in der Bibel steht doch, Jesu habe Brüder und Schwestern." Die Möglichkeit, dass die Brüder nahe Verwandte sein können, ignorieren sie hartnäckig. Hier liegt eine wahre Verstockung vor. An dieser Stelle zeigt sich, dass die ständig proklamierte Bibeltreue in Wirklichkeit mehr oder weniger eine Ideologie ist. Diese Ideologie sitzt so tief und so fest, dass jene gar nicht imstande sind, auf das zu hören, was uns das biblische Wort tatsächlich sagt. Letztendlich ist es die Heilige Schrift selbst, wie an diesem Beispiel deutlich erkennbar, die den Biblizismus frommer Protestanten verwirft.

Der neutestamentliche Altar

Als ich noch in Bielefeld wohnte, gestand mir ein Mitarbeiter der „Geschäftsleute des vollen Evangeliums", einer der intellektuellsten Menschen, denen ich je begegnete, dass er von seiner Erkenntnis her eigentlich katholisch werden müsste. Nicht nur seiner Erkenntnis wegen, sondern auch um mit seinem Gewissen ins Reine zu kommen, betonte er, müsse er diesen Schritt vollziehen.

Ein Satz aus dem Hebräerbrief hat ihm die Unhaltbarkeit des Biblizismus und überhaupt allen reformatorischen Christentums gezeigt, nämlich:

„Wir haben einen Altar, von dem zu essen jene kein Recht haben, die dem Zelte dienen."
(Hebräer 13, 10)

Dieser Satz sagt eindeutig, die neutestamentliche Gemeinde besitzt einen Altar! Mein intellektueller Freund wusste aus Studien, dass für Menschen, die in jener Zeit lebten, in denen die neutestamentlichen Schriften verfasst wurden, ein Altar unzertrennlich mit einem Opfer verbunden war. Ein Altar ohne Opfer ist etwas Sinnloses.

Das Opfer des neuen Bundes kann natürlich nur Jesus Christus selbst sein. Er ist es, der auf dem Altar des neuen Bundes dargebracht wird, im heiligen Messopfer!

Im protestantischen Raum hat man dieses Opfer abgeschafft und stattdessen ein Abendmahl oder ein Gedächtnismahl eingesetzt. Ganz verworfen wird der Gedanke an ein Opfer in der heiligen Messe im evangelikalen Raum. Nichtsdestotrotz spricht das Neue Testament im Hebräerbrief eindeutig von einem Opfer (Altar), welches bereits durch Melchisedech vorgezeichnet wurde.

„Und Melchisedech, der König von Salem, brachte Brot und Wein heraus; er war nämlich ein Priester des allerhöchsten Gottes."

Da Jesus Christus der ewige Hohepriester nach der Ordnung des Melchisedech ist und die Opfergaben des Melchisedech Brot und Wein waren, so ist die Vollendung jenes Opfers die Verwandlung von Brot und Wein in den Leib und das Blut Jesu Christi, so wie es Jesus Christus selbst im Abendmahlssaal vollzog und anordnete. Jesu Kreuzesopfer vollzieht sich erneut täglich bei der Verwandlung von Brot und Wein in den Leib und das Blut Christi im heiligen Messopfer, wo immer es begangen wird. Hier zeigt sich das wahre Hohepriestertum unseres Erlösers, bis er kommt in Herrlichkeit. An jenem Tag wird das heilige Opfer zur ewigen himmlischen Liturgie.

Mein intellektueller Freund sagte weiterhin, dass er unter der Katholischen Kirche nicht die Glaubensgemeinschaft Konzilskirche verstehe, in der ebenso wie im Protestantismus die heilige Messe nicht mehr in erster Linie als ein Opfer angesehen wird, sondern er müsste solch eine Gemeinschaft suchen, in welcher die Heilige Messe als wirkliches Opfer angesehen und dargebracht wird. In diesem Opfer handelt Jesus Christus als Hohepriester durch den Bischof oder Priester.

Leider habe ich den Kontakt zu ihm verloren und weiß nicht, ob er seinem Gewissen und seiner Erkenntnis Folge leistete und katholisch wurde. Hoffentlich!

Das Petrusamt

Zum Selbstverständnis protestantischen Denkens gehört die Ablehnung des Papst- oder Petrusamtes. Unter Evangelikalen, seien sie Pietisten, Bekenntnischristen, freikirchlich oder landeskirchlich Gebundene, ist es undenkbar, dem Papstamt eine biblisch begründete Daseinsberechtigung zuzugestehen.

Bestätigt fühlen sich diese Christen durch die Tatsache, dass Johannes Paul II. und jetzt Benedikt XVI. einen Synkretismus pur betreiben. Johannes Paul II. veranstaltete im Oktober 1986 ein interreligiöses Gebetstreffen, Benedikt XVI. besuchte bereits in der Türkei eine Moschee. Diese Handlungen werden von Evangelikalen zu Recht abgelehnt, und sie haben somit einen Grund aufzutrumpfen: „Wir wussten es ja schon immer, dass das Papstamt nicht von Gott kommt, dass es unbiblisch ist und eine teuflische Erfindung der katholischen Kirche."

Auch hier: Die Rechnung geht nicht auf. Die „Päpste", die in ihren Augen Religionsvermischung betreiben (und es auch tatsächlich tun) sind in Wirklichkeit gar keine Päpste. Nach kirchlichem Verständnis kann kein Irrlehrer, kein Häretiker Papst der Kirche sein. So sind Benedikt XVI. und seine Vorgänger, spätestens seit der Proklamation der Jesus Christus verleugnenden Religionsfreiheit am 7.12.1965 während des Pseudokonzils Vatikanum II, keine rechtmäßigen Nachfolger Petri. Bis der nächste Papst (es wird vor dem Ende der Welt noch mal einen wirklichen geben) gewählt wird, haben wir Sedisvakanz. Dies bedeutet: Der Stuhl Petri ist zurzeit unbesetzt.

Viele Protestanten wissen über eine Reihe von Schandtaten früherer Päpste zu berichten. Tatsächlich dürften einige dieser Erzählungen den geschichtlichen Tatsachen entsprechen oder zumindest Teilwahrheiten enthalten. Diese Verfehlungen von Männern, die das Papstamt innehatten, schmälert nicht die hohe Würde des Petrusamtes. Wenn sie auch nicht im persönlichen Leben in der Nachfolge Christi standen, waren sie, sobald sie als Papst das Wort oder die Feder ergriffen, wahre Verteidiger des allgemeinen christlichen Glaubens. Die, die in ihrem persönlichen Leben schlechte Päpste gewesen sind, sind klein an der Zahl, im Gegensatz zur großen Zahl der Päpste, die ein heiliges Leben führten.

Unumstößlich und unleugbar ist Folgendes: Jesus Christus, unser Herr und Heiland, hat dem Apostel Petrus eine besondere Vollmacht verliehen. Da aber Petrus starb und die Kirche ja bis zum Jüngsten Gericht fortdauern wird, musste diese an Petrus verliehene Vollmacht an jeweils einen Nachfolger übertragen werden.

Wer wirklich dem Worte Jesu Christi Glauben schenken will, muss auch folgende Worte in Bezug auf den Apostel Petrus als dem ersten Papst erwägen:

Und ich sage dir, du bist Petrus, und auf diesen Felsen will ich meine Kirche bauen und die Pforte der Unterwelt werden sie nicht überwältigen. Dir will ich die Schlüssel des Himmelreiches geben. Was du binden wirst auf Erden, wird gebunden sein im Himmel, und was du lösen wirst auf Erden, wird gelöst sein im Himmel.
(Matthäus 16, 18/19)

Als sie nun gefrühstückt hatten, sagt Jesus zu Simon Petrus: Simon, Sohn des Johannes, liebst du mich mehr als diese? Er spricht zu ihm: Ja, Herr, du weißt, dass ich dich liebe. Der sagt zu ihm: Weide meine Lämmer! Wiederum, zum zweiten Mal, sagt er zu ihm: Simon, Sohn des Johannes, liebst du mich? Der sprach zu ihm: Ja, Herr, du weißt, dass ich dich liebe. Er sagt ihm: Weide meine Schafe! Zum dritten Male sagte er zu ihm: Simon, Sohn des Johannes, liebst du mich? Da wurde Petrus betrübt, dass er zum dritten Male sprach: Liebst du mich? Und sagte zu ihm: Herr, du weißt alles, dir ist auch bekannt, dass ich dich liebe. Jesus spricht zu ihm: Weide meine Schafe. Wahrlich, wahrlich, ich sage dir: Als du jünger warst, hast du dich selbst gegürtet und bist gegangen, wohin du wolltest; wenn du aber alt sein wirst, wirst du deine Hände ausstrecken, und ein anderer wird dich gürten und führen, wohin du nicht willst. Das sagte er aber, um anzudeuten, durch welchen Tod er Gott verherrlichen werde. Nach diesen Worten sagte er zu ihm: Folge

mir! Als Petrus sich umwandte, sieht er den Jünger folgen, den Jesus liebte, der auch beim Abendmahl an seiner Brust gelegen und gefragt hatte: Herr, wer ist er, der dich verrät? Bei seinem Anblick sagte Petrus zu Jesus: Herr, was wird aber aus diesem? Jesus sagte zu ihm: Wenn ich will, dass er bleibe, bis ich komme, was geht das dich an? Du folge mir! Daher ging das Gerede unter den Brüdern, jener Jünger sterbe nicht. Jesus aber hatte nicht zu ihm gesagt: Er stirbt nicht, sondern: Wenn ich will, dass er bleibe, bis ich komme, was geht dich das an?
(Johannes 21, 15–23)

Genügt eine einmalige Bekehrung?

Aus vielen Gesprächen mit evangelischen Christen habe ich herausgehört, dass es unter ihnen Meinungsverschiedenheiten darüber gibt, ob jeder bekehrte Christ automatisch in den Himmel kommt oder nicht. Öfter habe ich in etwa folgende Meinung gehört: Wenn jemand sich bekehrt hat und diese Bekehrung echt war, wird er auf jeden Fall gerettet, egal was er im Laufe seines restlichen Lebens glaubt und tut. Andere sind da vorsichtiger und bezeugen, dass die Treue im Glauben notwendig ist, um gerettet zu werden. Unverständlich, dass ersterer Meinung sich ein großer Teil der evangelikalen Welt angeschlossen hat. Es gibt eine Reihe biblischer Aussagen, die eindeutig bezeugen, dass alleine die erfolgte Bekehrung nicht genügt, um sich des Himmelreiches sicher zu sein.

„Wer steht, sehe zu, dass er nicht falle."

Darum gilt, was der Heilige Geist sagt: Heute, wenn ihr seine Stimme höret, verhärtet eure Herzen nicht, wie bei der Verbitterung am Tage der Versuchung in der Wüste, wo euere Väter versuchten und auf die Probe stellten; und sie sahen doch meine Werke vierzig Jahre lang. Darum war ich entrüstet über dieses Geschlecht und sprach: Immerdar gehen sie irre mit ihrem Herzen; sie aber erkannten meine Wege nicht, sodass ich schwur in meinem Zorne: Wahrlich, nicht sollen sie in meine Ruhe eingehen. Sehet zu, Brüder, dass sich nicht etwa in einem aus euch ein böses und ungläubiges Herz finde, auf dem Wege des Abfalls vom lebendigen Gott. Ermahnt viel mehr einander Tag für Tag, solange es noch „Heute" heißt, damit keiner aus euch verhärtet werde durch den Betrug der Sünde. Wir sind ja Christi Genossen, wenn wir die anfängliche Glaubenszuversicht bis ans Ende treu bewahren. (Hebräer, 3, 7–15)

Denn, die einmal erleuchtet worden sind und von der himmlischen Gabe genossen haben, die teilhaftig geworden sind des Heiligen Geistes und

gekostet haben das herrliche Wort Gottes und die Kräfte der künf-
tigen Welt und trotzdem abgefallen sind, die kann man nicht wieder zur
Sinnesänderung erneuern, da sie für ihre Person den Sohn Gottes aufs
Neue kreuzigten und verhöhnen.
(Hebräer 6, 3)

Seid nüchtern und wachet! Denn euer Widersacher, der Teufel, geht wie
ein brüllender Löwe umher und sucht, wen er verschlinge. Widersteht
ihm standhaft im Glauben!
(I. Petrusbrief 5, 8/9)

Meine Brüder! Wenn einer unter euch von der Wahrheit abgeirrt ist
und es bringt ihn jemand zur Umkehr, der wisse: Wer einen Sünder von
seinem Irrwege zurückführt, der wird seine Seele vom Tode erretten
und eine Menge von Sünden bedecken.
(Jakobus 5, 19/20)

Mich wundert, dass ihr euch so rasch von dem abwendig machen lasset,
der euch durch die Gnade Christi berufen hat, und euch einer anderen
Heilsbotschaft zuwendet. Es gibt doch gar keine „andere", sondern et-
liche Leute wollen euch nur verwirren und die Heilsbotschaft Christi
umkehren. Aber sollten auch wir oder ein Engel vom Himmel euch eine
andere Heilsbotschaft verkünden wollen, als wir euch verkündet haben,
der sei verflucht!
(Galater 1, 6–8)

Denken wir nur an die vielen Gleichnisse Jesu Christi und lesen sie im Gebet zum Beispiel das Gleichnis von den klugen und törichten Jungfrauen,
so ist ganz klar ersichtlich, dass eine einmalige Bekehrung nicht genügt,
um gerettet zu werden, sondern es ist notwendig, in Treue das Öl für die
Lampen bereit zu halten. Jesus Christus sagt auch eindeutig, nicht jeder,
der Herr, Herr sagt, wird in das Himmelreich eingehen, sondern derjenige,
der den Willen seines Vaters tut (vergleiche Matthäus 7, 21 ff.).

An dieser Stelle muss auch kurz auf ein protestantisches Prinzip eingegangen werden, welches lautet: Alleine aus dem Glauben wird der Mensch gerettet. Ist der Glaube wirklich losgelöst vom Tun und Hoffen des jeweiligen Gläubigen, ist er allein dastehend unabhängig davon, inwieweit der Mensch versucht, nach dem Willen Gottes zu leben? Der Jakobusbrief zeigt uns eindeutig den Zusammenhang zwischen unserem Glauben und unserem Tun.

Was hilft es, meine Brüder, wenn einer sagt, dass er Glauben habe, wenn er keine Werke hat? Kann etwa der Glaube ihn selig machen? Wenn ein Bruder oder eine Schwester ohne Kleider sind und Mangel leiden am täglichen Unterhalte, und einer von euch sagt zu ihnen: Geht hin in Frieden, wärmt euch und sättigt euch – ihr gebt ihnen aber nicht, was sie zum Leben brauchen –, was nützt das? Also auch der Glaube, wenn er keine Werke hat; er ist tot für sich allein. Ja, da könnte einer sagen: Du hast Glauben, ich habe Werke. Zeige mir deinen Glauben ohne Werke, und ich will dir aus meinen Werken meinen Glauben zeigen. Du glaubst, dass ein einziger Gott ist. Du tust wohl; auch die bösen Geister glauben und zittern. Willst du wohl erkennen, du törichter Mensch, dass der Glaube ohne Werke wirkungslos ist? Ist unser Vater Abraham nicht aus Werken gerechtfertigt worden, als er seinen Sohn Isaak auf dem Altar opferte? Du siehst, dass der Glaube mit seinen Werken zusammenwirkte und dass durch die Werke der Glaube erst vollendet wurde. So erfüllte sich das Schriftwort: Abraham glaubte Gott, und es wurde ihm zur Gerechtigkeit gerechnet, und er wurde Gottes Freund genannt. Ihr seht also, dass der Mensch durch Werke gerechtfertigt wird und nicht durch den Glauben allein. Wurde nicht ebenso Rahab, die Buhlerin, durch Werke gerechtfertigt, da sie die Kundschafter aufnahm und auf einem anderen Weg fortschaffte? Gleich wie der Leib ohne Geist tot ist, so ist auch der Glaube ohne Werke tot.
(Jakobus 2, 14–26)

Folgende Worte aus der Offenbarung des heiligen Johannes sind es wert, betrachtend im Gebet mit dem Herzen erwogen zu werden:

Dem Engel der Gemeinde in Ephesus schreibe: So spricht, der die sieben Sterne in seiner Rechten hält, der einhergeht inmitten der sieben goldenen Leuchter: Ich weiß um deine Werke, um deine Mühe und dein Ausharren, und dass du Böses nicht ertragen kannst; du prüftest jene, die sich Apostel nennen und es nicht sind, und fandest sie als Lügner. Auch hast du Geduld und hast um meines Namens willen getragen und bist nicht müde geworden.
(Offenbarung 2, 1–3)

Dem Engel der Gemeinde in Thyatira schreibe: So spricht der Sohn Gottes, der Augen hat wie eine Feuerflamme und dessen Füße glänzendem Erze gleichen. Ich weiß um deine Werke und deine Liebe, deinen Glauben, deinen Dienst, dein Ausharren und deine letzten Werke, die größer sind als die ersten.
(Offenbarung 2, 18/19)

Dem Engel der Gemeinde in Sardes schreibe: So spricht, der die sieben Geister Gottes hat und die sieben Sterne: Ich weiß um deine Werke; du hast den Namen, dass du lebtest, und bist tot. Werde wach und stärke das Übrige, was daran war zu sterben; denn ich fand deine Werke nicht vollwertig vor meinem Gott. (Offenbarung 3, 1/2)

Jedem evangelischen Leser dieser Zeilen müsste doch auffallen, dass selbst unser Herr Jesus Christus, der eigentliche Autor des letzten Buches der Heiligen Schrift, sich beklagt darüber, dass die Werke in der Gemeinde von Sardes nicht vollwertig sind vor den Augen des Vaters. Wie kann da der evangelische Christ sagen: Nur allein der Glaube zählt, die Werke sind nichtig?

Die Handauflegung

Öfter habe ich schon beobachtet, dass, wenn ein Evangelikaler für einen Glaubensbruder oder eine Glaubensschwester betet, er dies unter Handauflegung tut. Er legt seine Hand auf die Person, für die er betet. Ein durchaus guter Brauch, wenngleich er nicht in allen evangelikalen Kreisen praktiziert wird. Sicher will der Handauflegende Segen vermitteln.

Wird in der Heiligen Schrift die Handauflegung erwähnt, so geht es aus dem jeweiligen Gesamtzusammenhang eindeutig hervor, dass diese Handlung mehr ist als eine fromme Tat. Die Jünger sollen Kranken die Hände auflegen, um sie zu heilen, siehe Markus 16, 14–20. Jesus Christus selbst segnet unter Handauflegung die Kinder, siehe Markus 10, 13–16. Es gibt auch die Handauflegung, um den Heiligen Geist zu vermitteln (Firmung), siehe Apostelgeschichte 8, 17, oder sie verleiht ein besonderes Charisma, eine besondere Amtsbefugnis, ja sogar etwas Unverlierbares. Wäre dem nicht so, wäre die Mahnung in 1. Timotheus 5, 22 hinfällig!

Lege keinem voreilig die Hände auf und mache dich nicht fremder Sünden mitschuldig.

Dieser Satz steht in einem Absatz, welcher das angebrachte Verhältnis gegenüber Priestern beschreibt, so geht auch aus diesem Text hervor, dass der neutestamentliche Priester durch Handauflegung sein Priesteramt erhält. Der Adressat dieses Paulusbriefes ist Timotheus, Sohn eines heidnischen Vaters und einer jüdischen Mutter aus Lystra in Kleinasien. Nach seiner Bekehrung wurde er ein Begleiter des Paulus und unter Handauflegung zum Bischof geweiht. Wenn der Schreiber (Paulus) diesen seinen Mitarbeiter Timotheus ermahnt, nicht voreilig mit dem Händeauflegen zu sein, so war Timotheus wohl berechtigt, die Handauflegung zur Weihe eines Priesters zu vollziehen. Er war berechtigt, da er Bischof war. Dem Bischof alleine steht es also seit den Zeiten der Apostel zu, die Hände zur Weihe aufzulegen. Das Amt des Bischofs ist so hoch, dass Paulus ihm im selben Brief an seinen bischöflichen Mitarbeiter Timotheus folgende Zeilen widmet:

Zuverlässig ist das Wort: Wer nach einem kirchlichen Vorsteheramte strebt, der begehrt eine erhabene Wirksamkeit. So soll denn der Vorsteher sein: tadellos, eines Weibes Mann, nüchtern, klug, gesetzt, gastfrei, tüchtig zum Lehren; nicht dem Wein ergeben, nicht gewalttätig, sondern mild, nichts zänkisch, nicht habsüchtig. Er soll ein guter Vorsteher seines eigenen Hauses sein und seine Kinder in Zucht halten und in aller Sittsamkeit. Wenn einer seinem eigenen Haus nicht vorzustehen weiß, wie wird er für die Kirche Gottes sorgen? Es soll kein Neugetaufter sein, sonst könnte er hochmütig werden und dem Gericht des Teufels verfallen. Er muss auch ein gutes Zeugnis haben von denen, die draußen sind, sonst würde er in übles Gerede und in die Fallstricke des Teufels fallen.
(Timotheus 3, 1–7)

Paulus ermahnt die Ältesten der Gemeinde zu Ephesus während seiner Abschiedsrede:

Habet Acht auf euch und die ganze Herde, in der euch der Heilige Geist zu Bischöfen eingesetzt hat, die Kirche Gottes zu hüten.
(Apostelgeschichte 20, 28)

Aus dem Text geht hervor, dass die Ältesten der Gemeinde von Ephesus zugleich die Bischöfe der Gemeinde sind. So kann daraus gefolgert werden, dass die im Neuen Testament genannten Ältesten von den Aposteln durch eine Inspiration des Heiligen Geistes unter Handauflegung zu Bischöfen Eingesetzte und Geweihte sind.
Es wird im Neuen Testament ein weiteres Amt erwähnt: die Diakone.

Desgleichen sollen die Diakone ehrbar sein, nicht doppelzüngig, nicht vielem Weintrinken ergeben, nicht nach schnödem Gewinn trachtend. Sie sollen das Geheimnis des Glaubens in reinem Gewissen bewahren. Auch sie sollen zuerst erprobt werden; dann mögen sie ihr Amt ausüben, wenn sie untadelig sind. Die Frauen sollen in gleicher Weise ehrbar sein, nicht verleumderisch, nüchtern, treu in allem. Die Diakone sollen nur eines Weibes Mann sein; ihren Kindern und ihrem Hause sollen sie wohl vorstehen. Denn die ihr Amt gut verwalten, erwerben sich eine Ehrenstellung und viel Zuversicht im Glauben, der da ist in Christus Jesus. (Timotheus 3, 8–13)

In Apostelgeschichte 6, 1–6 wird die Einsetzung eines Amtes unter Handauflegung beschrieben:

In diesen Tagen, da die Zahl der Jünger sich mehrte, entstand ein Murren der Hellenistischen wider die Hebräer, weil bei der täglichen Almosenspende ihre Witwen zurückgesetzt wurden. Dabei riefen die Zwölf die Gesamtheit der Jünger und sprachen: Es geht nicht an, dass wir das Wort Gottes vernachlässigen und die Tische bedienen. Darum, Brüder, seht euch nach sieben Männern von gutem Ruf aus eurer Mitte um, die voll des Heiligen Geistes und der Weisheit sind, die wollen wir zu diesem Dienste bestellen. Wir aber werden eifrig dem Gebete und dem Dienste des Wortes obliegen. Die Rede fand Beifall bei der ganzen Versammlung. Sie wählten Stephanus, einen Mann voll des Glaubens und des Heiligen Geistes, Philippus, Prochorus, Nikanor, Timon, Parmenas und Nikolaus, einen Proselyten aus Antiochien. Die nun stellten sie den Aposteln vor. Diese beteten und legten ihnen die Hände auf. Und das Wort Gottes wuchs, und die Zahl der Jünger in Jerusalem mehrte sich stark. Auch sehr viele Priester unterwarfen sich dem Glauben.

Es ist anzunehmen, dass diese beschriebene Weihe eine Weihe zum Diakonenamt war. Sie wurden in den Dienst gestellt, um den Aposteln und deren Nachfolgern und Vertretern, also dem Episkopat, hilfreich zur Seite zu stehen. Allerdings besteht keine hundertprozentige Sicherheit darin, dass die oben beschriebene Handauflegung diese sieben Männer zu Diakonen erhob.
Aus genannten Zitaten geht hervor, dass die Handauflegung von Aposteln, welche die ersten Bischöfe waren, oder von ihnen ebenfalls zu Bischöfen

geweihten Ältesten vollzogen wird, weiterhin, dass derjenige, dem die Hände aufgelegt wurden, aus dem Volk ausgesondert ist und befähigt, ein besonderes Amtscharisma auszuführen.

Das Bischofs-, Priester- und Diakonamt ist in seiner Substanz in der Urkirche bereits von Anfang an vorhanden, zumal der Bischof der Hohepriester Jesus Christus selbst ist und mit seiner Beauftragung diesen gegenüber im Abendmahlssaal, nämlich ebenso wie er seinen Leib und sein Blut darzubringen, dieses Amt sakramental eingesetzt hat. Seinen Apostel und damit auch ihren Nachfolgern, den Bischöfen (die ersten Bischöfe wurden von den Aposteln selbst unter Handauflegung geweiht), hat Jesus besondere Vollmachten verliehen.

Findet heute eine Handauflegung im neutestamentlichen Sinne, also eine Weihe zum Diakon-, Priester- und Bischofsamt statt, so muss diese geistlich, aber auch materiell (durch die Handauflegung) in Verbindung mit den zwölf Aposteln sein. Diese Verbindung, diese lückenlose Weitergabe des kirchlichen Amtes wird apostolische Sukzession genannt. Jeder gültig geweihte Priester heute erhielt unter Handauflegung von einem Bischof seine Weihe. Dieser Bischof erhielt seine Vollmacht von einem Vorgänger im Bischofsamt, und diese Reihe lässt sich verfolgen bis auf einen der zwölf Apostel. Deshalb wird die heilige Kirche zu Recht apostolische genannt.

Eine Anmerkung: In der Religionsgemeinschaft des Pseudokonzils Vatikanum II wird zwar nach wie vor bei den vorgenommenen Bischofsweihen die Hand aufgelegt, jedoch wurde das dazugehörige Weihegebet so verändert, dass es mit keinem Wort mehr zum Ausdruck bringt, wozu der zu Weihende geweiht werden soll. Damit ist diese Weihe unwirksam.

Im evangelikalen Raum dürfte es kaum Bischöfe, Priester, Diakone geben, die in der apostolischen Sukzession stehen, dafür aber gab es in protestantisch hochkirchlichen Kreisen Bemühungen, einen Wiederanschluss an die apostolische Sukzession zu erlangen.

Mensch von Anfang an

Ein guter Freund aus Bielefeld hat mir geraten, an einer Konferenz im Jahre 1986 zum Thema Abtreibung in Dortmund teilzunehmen. Veranstaltet wurde diese Konferenz, wenn ich mich recht erinnere, von der evangelistischen Gemeinschaft „Jugend mit einer Mission" und verschiedenen freikirchlichen Gemeinden.

Die Rednerinnen und Redner hatten wirklich viel Tiefgründiges, Aufrüttelndes, Nachdenkenswertes gesagt. Eigentlich hätten diese Vorträge von Millionen von Menschen gehört werden müssen, nämlich von allen, die mit dem Verbrechen der Abtreibung in Berührung gekommen sind. Nun kam aber ein Sprecher auf das Thema Antibabypille zu sprechen und die Zuhörerschaft war im Nu gespalten. Nun muss ich zuerst bemerken, dass diese Pille mehr denn je, je nach Hormonzusammensetzung, nicht mehr in erster Linie die Empfängnis verhütet, sondern es trotz dieser Pille zu einer Befruchtung kommt und somit ein neuer Mensch entsteht. Die befruchtete Eizelle (also der neue Mensch) kann sich aber nicht in die Gebärmutter einnisten. Dieser Vorgang, genannt Nidationshemmung, ist die größte negative Eigenschaft dieser als Antibabypille millionenfach verwendeten chemischen Hormonkeule. Diese Eigenschaft war bereits 1986 bekannt und auch auf den Beipackzetteln vermerkt. Der Redner leugnete einfach diese Tatsache, um kein Zeugnis dafür geben zu müssen, dass es für eine christliche Frau unmöglich ist, diese zu benutzen. Zum Glück kam einiger Protest von Seiten der Konferenzteilnehmer und -teilnehmerinnen gegenüber solcher Ignoranz.

Wie soll die Zahl der Abtreibungen vermindert werden, wenn stattdessen Mittel empfohlen werden, welche selbst eine Abtreibung im Frühstadium bewirken?

In dem Moment, als Maria, die Mutter unseres Herrn, vom Heiligen Geist empfing, ist das Wort Fleisch geworden. Also ab dieser Sekunde wohnte der Sohn Gottes, als wahrer Mensch und wahrer Gott, im Schoße der Jungfrau.

Also ist der Mensch ab der Empfängnis im vollen Sinne Mensch mit Leib und Seele.

Eine Pille, die nicht in jedem Falle eine Empfängnis verhindert, aber dem neu gezeugten Mensch nicht gewährt, sich in die Gebärmutter einnisten zu können, und er damit absterben muss, ist ein mörderisches Mittel.

Bleibt nur zu hoffen, dass unter den gläubigen Christen im Protestantismus die Erkenntnis wächst, dass alleine die natürliche Geburtenregelung tatsächlich durch und durch eine menschliche und auch dem Christen angemessene Methode ist, um die Zahl der Kinder bei großer Armut oder chronischer Erkrankung usw. nicht zu erhöhen.

Die Reliquien

Immer mehr wuchs die Zahl der Männer und Frauen, die den Glauben an den Herren annahmen. Man brachte sogar die Kranken auf die Straßen und legte sie auf Betten und Tragbahren, damit wenigstens der Schatten des Petrus beim Vorübergehen auf den einen oder anderen von ihnen falle und sie von ihren Krankheiten geheilt würden.
(Apostelgeschichte 5, 14/15)

Damit wenigstens der Schatten auf einen oder anderen von ihnen falle! Bildhaft lässt es sich ausmalen, was es diesen Urchristen bedeutet hätte, wäre nicht nur der Schatten des Apostel Petrus mit ihnen in Berührung gekommen, sondern hätten sie auch sein Gewand berühren können.
Die Gläubigen von Ephesus gingen so weit, dass sie sogar Schweißtücher und Schürzen des heiligen Paulus auflegten und durch die Auflegung dieser von ihm getragenen und benutzten Textilien von ihren Krankheiten geheilt wurden.

Gott wirkte durch Paulus ganz ungewöhnliche Wunder. Man legte sogar Schweißtücher und Schürzen, die er getragen hatte, den Kranken auf; die Krankheiten wichen von ihnen, und die bösen Geister fuhren aus.
(Apostelgeschichte 19, 11/12)

Dieser kurze Bericht ist eine eindeutig positive Beurteilung der wunderbaren Wirksamkeit von heiligen Reliquien, auch wenn dies protestantischen, evangelikalen Christen nicht behagt. Diese lehnen ja die Reliquienverehrung aus inzwischen gut bekanntem Grund ab: In der Bibel steht nirgends ausdrücklich, dass Reliquien von Heiligen und Jesus Christus verehrt werden sollen.
Hier ist aber ein biblisches Zeugnis für praktizierte Reliquienverehrung. Die Schweißtücher und Schürzen des heiligen Paulus trug er nicht mehr am Leibe, als diese den Kranken aufgelegt wurden. Selbst wäre der heilige Paulus inzwischen weitergezogen oder gar heimgegangen in die himmlische

Herrlichkeit, es hätte die Wirkung dieses stofflichen Andenkens an ihn, den großen Verkünder des Wortes, nicht gemindert.

Die Gnade Jesu Christi, welche in den Heiligen wirkt, geht auch in das Stoffliche, das den geheiligten Menschen umgibt, über. Oben genannte Verse aus der Apostelgeschichte beweisen dies eindeutig. Wie können all die frommen evangelischen Mitchristen einfach behaupten, die katholische Lehre über die Reliquien sei alles andere als biblisch, wo doch das Neue Testament uns einen handfesten Hinweis auf eine praktizierte Reliquienverehrung bietet?

Wenn schon die Kleidung, ja selbst der Schatten eines geheiligten Menschen dessen ihm innewohnende Gnade in Jesus Christus aufnimmt und durch diese von der Gnade durchtränkte Materie Kranke geheilt werden, wie muss erst ein Gewand oder ein Gegenstand, der durch Jesu Christi selbst geheiligt ist, wunderbares bewirken!

Und siehe, eine Frau, die seit zwölf Jahren am Blutflusse leidet, trat hinter ihm heran und berührte eine Quaste seines Gewandes. Denn sie sagte sich: „Wenn ich nur sein Gewand berührte, so werde ich gesund." Jesus wandte sich um, sah sie und sprach: „Sei getrost, meine Tochter, dein Glaube hat dich gesund gemacht." Von der Stunde an war die Frau gesund.
(Matthäus 9, 20–22)

Es kann nur vermutet werden, dass Evangelikalen einfach über solche Zeilen hinweg lesen, denn sonst hätte sich der eine oder andere darüber Gedanken gemacht, was es bedeutet, einfach nur Jesu Gewand zu berühren, und wie Jesus einen durch ihn geheiligten Stoff dazu benutzt, um dem Menschen Heilung zu gewähren.

Die heute noch vorhandenen Reliquien unseres Herrn Jesus Christus:

das Grabtuch, welches in Turin aufbewahrt ist (Lukas 23, 53; Markus 15, 46; Matthäus 27, 59),

das Schweißtuch (Johannes 20, 7),

der nahtlose Heilige Rock, aufbewahrt in Trier (Johannes 19, 23),

die Nägel,
das Kreuz,
die Lanze,
die Dornenkrone.

Bei den Märtyrern und Heiligen wurden im Laufe der ersten Jahrhunderte neben den Gewändern vor allem deren Gebeine Gegenstand der Reliquienverehrung. Für diese Art des Reliquienkultes gibt es im Alten Testament ein leuchtendes Beispiel:

Elisäus starb und wurde begraben. Moabitische Räuberscharen fielen in jenem Jahr in das Land ein.
Man begrub gerade einen Toten, als man die Horde ankommen sah. Daraufhin warf man den Toten in das Grab des Elisäus und eilte von dannen. Als der Tote die Gebeine des Elisäus berührte, wurde er wieder lebendig und richtete sich auf.
(2. Könige 13, 20/21)

Die Beichte

Einmal im Jahr, und zwar in der österlichen Zeit, schreibt die Kirche vor, muss der katholische Christ seine Sünden im Sakrament der Beichte vor einem Priester bekennen. Natürlich darf jeder gläubige Katholik zu jeder Zeit den Priester aufsuchen, um seine Sünden zu bekennen, um den Zuspruch der Sündenvergebung zu erhalten. Es ist dies für jeden gläubigen Katholiken eine große Gnade, seine Sünden aussprechen zu dürfen und somit Heilung zu erfahren, Heilung für die Seele. Der Priester erteilt dem Beichtenden neben der Lossprechung auch eine Aufgabe, nämlich ein angemessenes Bußwerk zu verrichten. Diese erteilte Buße dient der Wiedergutmachung für den Schaden, den die begangenen Sünden dem Leib und der Seele angetan haben. Die Beichte entspricht somit ganz dem Bedürfnis der menschlichen Natur, das Gewissen unbelastet zu erhalten und unrecht Geschehenes aus der Welt zu schaffen. Die übernatürlichen Gnaden, die diesem Sakrament entspringen, sind mit menschlichen Worten nur unzureichend darzustellen. Trotzdem ist dieses Sakrament zumindest im evangelikalen Raum des Protestantismus als unbiblische Erfindung der katholischen Kirche verpönt. Eigentlich müsste jeder evangelikale Christ folgende Worte unseres Herrn Jesus Christus in der Bibellesung oder im gehörten Wort während eines Gottesdienstes bereits schon einmal vernommen haben:

Nochmals sprach Jesus zu ihnen: „Friede sei mit euch! Wie mich der Vater gesandt hat, so sende ich auch euch."
Nach diesen Worten hauchte er sie an und sprach zu ihnen: „Empfangt den Heiligen Geist!
Deren Sünden ihr nachlasst, denen sind sie nachgelassen; deren Sünden ihr behaltet, denen sind sie behalten."
(Johannes 20, 21–23)

Deutlich ist aus diesen Worten Jesu zu erkennen, dass eine besondere Vollmacht notwendig ist, um Sünden nachlassen zu können oder sie dem

Sünder weiterhin anlasten zu können. Es sind klare Worte Jesu, dass es eine Sündenvergebung durch Vermittlung von lebenden Menschen (welche eine besondere Gabe des Heiligen Geistes benötigen) gibt. Es ist als ein klares Zeugnis für das Sakrament der Beichte, weiterhin ein Zeugnis dafür, dass der Beichtvater eine richtende Vollmacht besitzt, nämlich die Sünden nachzulassen oder nicht. Genau das, was Jesus Christus uns sagt, lehrt und praktiziert die katholische Kirche. Das Wort Jesu zur Vollmacht der Beichte ist an die Apostel gerichtet. Die Nachfolger der Apostel sind wie bereits erwähnt die Bischöfe, die Gehilfen der Bischöfe die Priester. Also haben diese, und nur diese, die Vollmacht, das zu tun, wozu sie mit den oben erwähnten Worten Jesu Christi beauftragt wurden.

Bekennen wir unsere Sünden, so ist er treu und gerecht, dass er uns die Sünden erlasse und uns rein mache von allem Unrecht.
(1. Johannes 1, 9)

Die Endzeit

Erfreulich ist bei Gesprächen mit Gläubigen, die sich dem evangelikalen Lager zurechnen, dass alles, was mit dem großen Tag der Wiederkunft Christi und den vorausgehenden Ereignissen zu tun hat, kein Tabuthema ist. Das Wissen um den Jüngsten Tag ist in diesen Gläubigen lebendig, für viele ist es sogar das Gesprächsthema schlechthin. Jedoch über die zu erwartenden vorausgehenden Ereignissen mit ihnen zu sprechen ist manchmal schwierig. Die einen erwarten noch vor der endgültigen Wiederkunft Christi das Tausendjährige Reich. Die Hoffnung auf ein solches Reich nennt man Chiliasmus. In der Offenbarung des Johannes ist tatsächlich von den tausend Jahren die Sprache, aber es ist noch unklar, was unter diesen tausend Jahren zu verstehen ist. Viele Theologen sagen, diese tausend Jahre sind die Zeit der Gnade, die Zeit der Kirche. Jetzt ist die Gnadenzeit.

Viele Gläubige erwarten eine Entrückung, bevor der Antichrist kommt oder bevor die letzte und schlimmste Christenverfolgung anbricht. Viele rechnen nach der Trübsalszeit mit der Entrückung, andere denken, dass diese mit der Wiederkunft zeitlich zusammenfällt. Letztere Meinung ist die wahrscheinlichste, denn die Aussagen des Apostel Paulus über die Entrückung in Thessalonicher 4, 13–18 legen diese Meinung nahe.

Im Großen und Ganzen herrscht unter Evangelikalen Einigkeit darüber, was unter der Hure Babylon im 17. Kapitel der Offenbarung zu verstehen sei: die römisch-katholische Kirche. Sie meinen dies, weil sie angeblich reich sei, weltangepasst und durch ihre Institution der Inquisition das Blut der Heiligen hat fließen lassen.

Die katholische Kirche ist die auf dem Felsen Petri durch Jesu Kreuzestod und Auferstehung gegründete Kirche. Sie hat vier Kennzeichen: die Einheit, die Heiligkeit, die Apostolizität und die Katholizität. Wenn Einzelne unter ihren Gläubigen, seien sie sogar Päpste oder Bischöfe, Reichtum anhäuften, in Saus und Braus lebten und leben, so ist das kein Beweis gegen die Tatsache, dass die katholische Kirche die von Jesus Christus gegründete Heilsgemeinschaft ist. Wenn ich über das Treiben mancher Männer (die das Papstamt innehatten oder unter Handauflegung die heiligen Weihen empfingen) lese und nachdenke, so bekomme ich auch einen Abscheu gegen ihr unchristliches Handeln. Einige Bischöfe, die trotz ihres hohen kirchlichen Amtes zugleich noch Fürsten waren, handelten wohl tatsächlich in ihrem privaten Leben dem Evangelium zuwider. Damit ist aber nicht das Papstamt als Ganzes oder das Gesamtepiskopat zu verwerfen, denn es sind eindeutig von Jesus Christus selbst eingesetzte Wirklichkeiten. Die katholische Kirche ist, trotz einiger Missbräuche durch ihre Gläubigen, die Stätte des Heiles, die Arche des neuen Bundes. Menschen, die der katholischen Kirche vorwerfen, durch ihre Institution der Inquisition das Blut der Heiligen vergossen zu haben, sollten sich ernstlich mit dem Marranentum beschäftigen, weil sie sonst nicht die geringste Ahnung darüber haben, was es mit dieser Institution auf sich hatte.

So bleibt aber die Frage: Was ist die Hure Babylon?

Liest man aufmerksam das 17. Kapitel der Offenbarung über diese Hure, so fällt auf, dass sie eine Macht ist, aus der heraus die Könige (also die Politik Betreibenden) ihre verwerfliche Kraft und Gesinnung erhalten. Auf heute übertragen ist es jene Macht, die fast das ganze politische und gesellschaftliche Leben beherrscht: die Freimaurerei. Es ist die Freimaurerei in Verbindung mit dem noch nicht zu Jesus Christus bekehrten Judentum. Diese Macht muss auch eine unglaublich starke finanzielle und wirtschaftliche sein, sonst würde es nicht in Offenbarung 18, 3 heißen, dass die Kaufleute der Erde an dem Maß ihrer Üppigkeit sich berauscht haben. Das das heutige Finanzwesen beherrschende Zins- und Bankwesen stammt aus dem Judentum. Alle großen Banken weltweit sind von Talmudisten oder Freimaurern gegründet worden. Leider wurde auch im Vatikanstaat eine Bank gegründet. Es war ein erstes Zeichen dafür, dass ehemals katholische Gläubige, wie eine Hure, mit der großen weltpolitischen Finanzmacht paktieren. Anlässlich des Pseudokonzils „Vatikanum II" sind weite Teile der ehemals katholischen Hierarchie zur Hure Babylon gewechselt, indem sie die Geisteshaltung der Freimaurerei in sich aufnahmen und damit auch Kontakt zum Judentum in seiner talmudistischen Form.

Dieser vom Christenglauben abgefallene ehemals katholische Flügel „Konzilskirche" hat also teil an der vom Apostel Johannes beschriebenen Hure und damit auch an all ihren Sünden. Dies lässt sich auch daran erkennen, dass Vertreter dieser neuen Religionsgemeinschaft, wie eine Hure sich mit fremden Männern vereinigt, diese sich mit fremden Religionsvertretern geistig austauschen und vereinigen. So ist heute der Ruf an die Christenheit von unermesslicher Wichtigkeit für unser ewiges Schicksal, sich von diesem synkretistischen Gebilde zu trennen.

„Geht weg von ihr, mein Volk, damit ihr nicht ihrer Sünden teilhaftig werdet und an ihren Plagen nicht Anteil habt.“
(Offenbarung 16, 4)

Nachwort

Aus dieser Schrift ist hoffentlich ersichtlich geworden, dass Evangelikalen, obwohl sie behaupten, bibeltreu zu sein, und an die wörtliche Inspiration der Heiligen Schrift glauben, trotzdem zu völlig anderen Ergebnissen kommen als wir Katholiken, die wir unbedingt daran festhalten, dass die Heilige Schrift von A bis Z, Wort für Wort, inspiriert und ohne Irrtum ist. Ebenso dürfte ersichtlich sein, dass die unter Evangelikalen übliche Art der Bibelauslegung nicht dem Wesen dieses heiligen Buches entspricht, denn dieses Buch, das Buch unter den Büchern, bildet den schriftlichen Teil der Heilsbotschaft, der Offenbarung in Jesus Christus. Sie ist wahrhaft ein Buch der katholischen Kirche.

Ein Wort noch bezüglich des gesamtprotestantischen Grundsatzes „Allein die Schrift" (Sola Scriptura). Ein Text aus der Apostelgeschichte, nämlich Apostelgeschichte 9, 26–39, zeigt deutlich, dass so mancher biblische Text ohne die interpretierende Tradition nicht recht verstanden werden kann.

Ein Engel des Herrn aber sprach zu Philippus: „Mache dich auf und geh südwärts auf die Straße, die von Jerusalem nach Gaza hinabführt; sie ist einsam."
Da machte er sich auf und ging hin. Und siehe, da kam ein Mann aus Äthiopien, ein Kämmerer, ein Würdenträger der Kandake, der Königin der Äthiopier, der über ihren gesamten Schatz gestellt war. Er war nach Jerusalem gekommen, oft anzubeten, und war auf dem Heimweg; er saß auf seinem Wagen und las den Propheten Isaias.
Der Geist aber sprach zu Philippus: „Geh hin und schließ dich diesem Wagen an!"
Philippus lief hin, hörte ihn den Propheten Isaias lesen und sprach: „Verstehst du auch, was du liest? Darin die Regung
Er aber sagte: „Wie soll ich es können, wenn niemand mich anleitet?"
Und er bat den Philippus, aufzusteigen und sich zu ihm zu setzen.
Die Stelle der Schrift aber, die er las, war folgende: Wie ein Schaf wurde

er zur Schlachtbank geführt, und wie ein Lamm vor seinem Scherer verstummt, so tut er seinen Mund nicht auf.

Durch seine Erniedrigung wurde aufgehoben sein Gericht; wer kann sein Geschlecht beschreiben; denn weggenommen von der Erde wird sein Leben.

Da wandte sich der Kämmerer an Philippus: „Ich bitte dich, von wem sagt dies der Prophet? Von sich selbst oder einem anderen?"

Da tat Philippus seinen Mund auf, ging von dieser Schriftstelle aus und verkündete ihm die Frohbotschaft von Jesus.

Als sie weiterfuhren auf dem Wege, kamen sie an ein Wasser, und der Kämmerer sprach: „Siehe, da ist Wasser! Was steht im Wege, dass ich getauft werde?"

Philippus sagte: „Wenn du von ganzem Herzen glaubst, kann es geschehen." Er antwortete: „Ich glaube, dass Jesus der Sohn Gottes ist."

Und er ließ den Wagen halten, und sie stiegen beide ins Wasser, Philippus und der Kämmerer, und er taufte ihn.

Als sie aber aus dem Wasser heraufstiegen, entrückte der Geist des Herrn den Philippus und der Kämmerer sah ihn nicht mehr; doch freudig reiste er weiter auf seinem Weg.

(Isaias 53, 7 f.)

Einiges gemeinsam haben fromme Protestanten und katholische bibeltreue Gläubige dennoch. Der Mord an den ungeborenen Menschen wird von beiden abgelehnt, ebenso die gottlose Evolutionstheorie. Die Evangelikalen glauben ebenso wie wir an den Erlösertod und die wahrhaft leibliche Auferstehung Jesu Christi. Gemeinsam ist der Glaube an die Wiederkunft unseres Herrn Jesus Christus am Jüngsten Tage. Dennoch ist ein rechtes Verständnis der Heiligen Schrift weit mehr als die unter den frommen Protestanten verbreitete Ideologie des Biblizismus.

Maranatha, komm, Herr Jesus!

Benutzte Literatur

Das Neue Testament:
Stuttgarter Kepplerbibel, bearbeitet von Professor Dr. Peter Ketter
Keppler Verlagshaus, Stuttgart 1961, Erstausgabe 1915.

Das Neue Testament:
Übersetzt von P. Dr. Konstantin Rösch O.M.CAP.
Ferdinand Schöningh, Paderborn 1932.

Die Heilige Schrift:
Übersetzt von Vinzenz Hamp, Josef Kürzinger, Meinrad Stenzel
Paul Pattloch Verlag, Aschaffenburg 1961.